작은 창문 속으로

신시문학 첫 번째 이야기

초판 발행 2010년 11월 23일
지은이 신시문학회

펴낸이 안창현 **펴낸곳** 코드미디어
북 디자인 Micky Ahn **편집디자인** 장민서
교정 교열 정휘림
등록 2001년 3월 7일
등록번호 제 25100-2001-5호
주소 서울시 은평구 갈현1동 419-19 1층
전화 02-6326-1402 **팩스** 02-388-1302
전자우편 codmedia@codmedia.com

ISBN 978-89-94178-15-8 03810

정가 10,000원

작은 창문 속으로

신시문학 첫 번째 이야기

신시新詩의 첫 번째 문을 열며

구월의 초가을 기운이 스산하게 저며 들더니 이젠 은행나무들이 노오란 황금 기둥처럼 거리에 즐비한 풍요로운 가을로 접어들었습니다. 지연희 선생님 집필실로 처음 공부하러 다닌 지 십삼년을 넘기고 있는 이 즈음에 선생님과의 인연의 무한성을 느끼며 줄기차게 함께했던 지나온 길을 되돌아봅니다. 글꽃 동인으로 출발해 창시문학회와 시계문학회의 활동들, 이제는 신시문학회에 첫발을 디딘지도 일년이 되어옵니다. 신시문학회에 들어왔던 지난겨울에는 대여섯 명의 회원이 머리 조아리고 조촐하게 뜻을 함께 했으나 어느덧 현재는 열두 명이나 되었습니다. 신시문학회의 특성을 살피자면 다른 문학회처럼 지역적인 결성이 아니고 서울, 일산, 파주, 용인, 분당 등 방방곡곡에서 모여든 회원들이 명동에 위치한 본점 신세계백화점 문화센터의 월요일 수업을 지킨답니다.

신시문학회는 한분 한분의 개성이 뚜렷해 단 한사람도 없어서는 안 될 소중한 모임입니다. 저를 비롯해 나이가 가장 적고 아름다운 이미지를 물씬 풍기는 총무인 박지영님, 파주에서 먼 길 마다않고 맹렬한 의욕으로 시를 열심히 써오시는 김옥자님과 강근숙님, 손미현님, 단 한 명뿐인 남자회원으로 아내 사랑 지극한 신시의 든든한 기둥인 장현철님. 호수문학회 회장과 부회장님으로서 신시문학회에서도 한 몫의 자리를 하고 계시는 의상과 성격도 멋쟁이인 박서양님과 이영희님, 언제나 우리들 간식을 챙겨 오시는 엄마처럼 자상한 김현찬님, 참뜻을 품고 새로 들어오셨는데 벌써 우리 식구가 되어계시는 김진희님과 구용희님, 선생님이 다니시는 헬스장에서 인연이 되어 우리에게 오신 따뜻한 인정의 최호정님. 이렇게 구성된 신시문학회의 회원들은 함께 하는 나날이 언제나 기쁨과 충만한 인정이 마음에 물결칩니다.

아직 많은 수의 회원들은 아니지만 온 정성을 모아 첫 문을 열어 공개하는 수업의 흔적 동인지 창간호와 시낭송과 시화전(문파문학회원들의 찬조 출품)을 열게 되었음에 대단히 설레고 뿌듯하고 영광스럽기까지 하답니다. 지난 첫해 일년 동안의 소중한 결실을 바라보시는 모든 독자와 문우들께서 칭찬과 격려와 사랑으로 대해주신다면 더 이상의 기쁨이 없을 것 같습니다. 다시 한 번 정성으로 지도해주시고 함께하시는 선생님을 비롯한 모든 회원들에게 감사를 드리며 앞으로도, 시작은 소박했으나 회원들의 힘을 합쳐 눈사람처럼 크게 행복을 굴려나갈 신시문학회에 무궁한 발전이 있길 진심으로 기원합니다. 감사합니다.

신시문학회 회장 김상아

차례

차례

초대시

지연희

최소한 생의 의미하나는 남겨야 한다.
찻잎 위에 대숲의 금琴으로
곡조를 떨어뜨리는 이슬과 같은

01

하루

저문 하루를 종이 위에 앉히다가
가만히 손바닥을 펴 본다
분주했던 시간의 파편처럼 손금이
손바닥 가득 실금을 긋고 있다
얼키고 설킨 실타레처럼
내 생의 조각들이 수 놓아진 손바닥
어제는 무슨일들이 모여 이 질곡의 금을 그려 놓았는지
오늘은 또 어떤 일들이 내 삶의 끈을 연결하고 있는지
이 나이에도 나는 내 생의 고단을 내려놓지 못하고
안절부절 등에 지고 있다
최소한 내 영혼이 육신에서 육탈되어
바람 다 빠진 고무풍선처럼
마음이 제 스스로 거죽만 남은 육신에서 주저앉을 때까지
지키려는 모양이다
이 질긴 고뇌의 실금들-
손바닥에서 빠져나가지 못하는
가엾은 메비우스띠의 흔적들

02

대숲竹林 – 죽로차竹露茶

숲의 그늘
바람 끝으로 내려앉는다, 이슬
한 방울의 투명한 거울 잎새 위에 스며
길 잃은 이의 눈 밝히는 침묵이다
두 손 모아 잔을 받쳐 들고 한 가닥의 고요에 이르면
한 모금의 정제된 생명이 목젖을 흐르고
대숲은 수직으로 꼿꼿이 몸을 낮추어
찻잎 위에 떨어지는 이슬의 뿌리 다치지 않는다
껑충하게 지상으로 솟아 올린 높이만큼
저 땅 속 깊이에 뿌리를 내리고 있다
한 방울의 이슬이
전생의 인연하나 깁지 못하여 가슴에 묻혔다가
억겁의 시간 위에 문 열고 떨어뜨리는 눈물이 듯이
거꾸로 일어서는 뿌리 다독이고 있다
잎에서–잎으로 떨어지는 결정結晶
이슬로 덖은 잎들이 한 모금
꽃으로 피어난다

찻잎 위에
대숲의 금琴으로 곡조를 떨어뜨리는
이슬

03

런닝머신

땀방울이 어깨를 타고 등줄기를 흐른다 이제 맨살의 향내를 안다고 말해도 될까 순하게 달려나간다 나팔꽃 향내나는 사람의 가슴 메모리카드가 문을 열고 매끄러운 등고선이 심장의 박동을 달게 받아 전해준다 하루내내 생명의 숨소리가 살아나도록 위로가 되는 땀방울, 등줄기에서 미끄럼을 타듯 아래로 흘러내린다 앗차! 등의 중심을 흐르다가 협곡에 이르러 머뭇거리는 땀방울, 삐꺽이는 지구, 이게 아닌데 두 손을 쥐고 안간힘을 쓴다 거미줄처럼 연결된 복선이 흐름을 멈춰 세우고 어디로 갈 것인가 길을 묻는데 런닝머신의 페달이 런닝화의 무게를 가볍게 받아준다 호흡을 가다듬고 정해진 시간 위를 뛰는 땀방울

한낮의 소나기처럼
등줄기 깊이 쏟아져 고인 강물,

04

메신저

산기슭 외딴 마을 앞 저 혼자 비바람 맞고 있는 장승처럼
공원 길모퉁이 사내하나 허공을 내다보며 나무의자에 앉아있다
다 썩어 뭉개진 검은 짚더미처럼 툭 치면 스러질 듯
어렴풋한 사내의 얼굴은 검회색 빛이다
더 마를 데 없는 검푸른 앙상한 얼굴 가느다란 팔목과
휑한 두 눈 속에 그려 놓은 견고한 말씀의 철학
'오고-가는 길이라네' 묵묵히 바람의 언어로 그려주는데
왈칵 쏟아지는 눈물이 그의 철학에 화답하는 게 아닌가
모퉁이를 돌아가던 발길 되돌려 철렁 내려앉은 가슴으로
푸른 지폐 한 장 짧은 요기의 징검다리로 건네는데
천천히 천천히 천천히 한 손으로 받아들고
접고 접고 접어 안주머니에 넣는다
먼데 노잣돈 챙기듯 슬로비디오로 찍어내고 있다
'고-맙-습-니-다' 라는 음표는 바람이 먼저 받아가고
얇은 입술위엔 소리가 남긴 빈 거죽만 걸려 흔들리고 있다
나무의자 양옆으로 짚은 두 손 끝의 안간힘
전신을 받히고, 천천히 눈을 감았다 뜬다

혹여 사내는 이별의 노래를 부르고 있었던 것일까
하늘을 올려다보며 메시지를 전송하는가보다
'지금 가고 있어요'

더 마를 데 없는 검은 앙상한 사내가
곧 스러지려나보다

05

우두커니

책장 옆 허리에
연체동물 허물 벗듯 껍질 벗겨진
살갗 하얀 지팡이 하나 서 있다
전자동칼날에 온몸의 껍질 단숨에 깎여진 여문 감처럼
달콤한 곶감이 되기 위해 햇살을 짊어진 지팡이
몇 번의 곡선을 넘어온 바람의 흔적을 세워
비로소 꼿꼿이 허리를 편다
이른 아침에서 저녁 늦도록 잰걸음을 걸어야하는
개미의 단단한 무릎이거나
평생 가지며 잎의 무게를 받들어야 할
나무의 굵은 뿌리이거나
여주이천의 시냇물에 몸을 씻은 알몸의 지팡이
관계라고 하는 이름의 책장 옆에서
우두커니 서있다
곁을 지키고 있다

너의
이름을 위해

김상아

가을 쓸려 가는 소리에
귀 열고 싶다.
머언 기억처럼

01

높은음자리표

넘어서고 싶다
가을 타는 밤,
무지갯빛 유혹의 옷 벗어 던지고
암보다 독한 외로움
나 홀로 견뎌냈음을

침묵하고 싶다
앓았다 말할 필요 없으며
다가오는 놀라운 미래에
흔들리지 않는 내 눈빛,
희망으로 걸고 싶음을

올라서고 싶다
저 높은 계단에 올라
오선 위 높은음자리표 자리하듯
나 자신의 한계, 그 것을 초월한 자리에
황녀처럼 앉고 싶음을

02

유월 어느 날 오후 – 수서 돌아오는 길

오래 감았던 실크 머플러 같은 그녀를
수서역에 내려 주고
나 혼자 오던 길을 되돌아옵니다

차 안엔 아직 그녀의 온기가 서리고
목소리 감도는 것만 같고
그녀의 기인 치맛자락이 손끝에 닿을 것만 같은데,
허전한 목, 공허와 수심으로 야윈 내 얼굴
룸밀러로 상봉하며
조용히 운전을 합니다
그녀는 압니다
묻지 않아도
말하지 않아도
나의 유월이 잠시 슬펐던 것도
나의 눈동자가 젖어 있던 것도
내가 커피를 자주 마시는 이유도 압니다
그녀가 앉았던 자리에 유월 햇살이 고양이처럼 길게 눕습니다

오래 감았던 실크 머플러 같은 그녀를
수서역에 내려 주고
나 혼자 오던 길을 되돌아옵니다

03

서리태 콩국수

어제 친정어머니 놓고 가신
검정콩 한아름 김치냉장고에
새식구가 되었다
어머니 가르쳐 주신 대로
믹서기에 갈아
유리컵 가득 담았다

녹색빛으로 변신한 콩국물이
키위쥬스처럼 의상을 뽐내며 서있다
소금 살짝 쳐 입에 대어 보니
고소한 영양분이 보약처럼
목안으로 굴러 흐른다

지난 여름휴가 때
골프장의 식당에서
유리창 가득 드넓은 이끼빛 잔디를 바라보며
여름 내 먹고 싶었던 서리태 콩국수를
남편과 함께 머리 맞대고

맛나게 먹었던 기억이 난다

설렘으로 유리컵을 들고
꿀꺽 군침부터 삼킨다
갑자기 작은 부엌 창문으로 비치는
연두색 나뭇잎새들이
어느 틈에 골프장 잔디밭으로 클로즈업 되어
시야를 가득 채운다

04

빗소리

한 쪽 귀 베개에 파묻고
새우잠 자던 새벽
갑자기 들려 오는 빗소리
바로 누워
천정 향해 눈 뜨고
두 귀 크게 열어 본다
달팽이 모양의 소프트 아이스크림처럼
비밀 간직한
귀,
그 속으로
신비하게 감겨 오는 소리

쇼팽의 녹터언처럼 감미롭다가
비발디의 사계처럼 힘차게
지고이네르바이젠의 음률처럼 열정적이다가
스윗피플의 새소리처럼 달콤하게
쏟아지는 빗소리

그리움을 태우네
두 귀 활짝 열고
밤이 새도록

05

이토록 설렘을

눈을 뜨며
청신한 의욕으로 일어나
오롯이 무릎 꿇어 앉으며
마음 한가운데
새벽 같은 촛불 하나 켭니다

당신은 알고 계신가요?
당신 때문에
오늘 하루의 시작이
이토록 설렘을.

가시덤불 헤칠 때 손 붙들어 주시고
구렁의 늪에 빠졌을 때
내 몸 씻기워 건져 주시고
사막과 같은 광야를 지날 때
가느다란 신음소리 외면치 않으시고
지금은 나를 오아시스 곁으로 불러 주셨습니다

그윽한 당신의 바라보심을
나직한 당신의 목소리를
자애로 물결치는 당신의 머리카락을
나를 향한 섬세하신 만지심을

성령으로 내 손을 꽃피우소서
　　　　　내 얼굴을 흰구름으로 피어나게 하소서
　　　　　내 가슴에 소낙비를 뿌려 주소서

당신은 알고 계신가요?
당신 때문에
살아있는 순간마다
이토록 설렘을
이토록 설렘을

06

감사함에 대하여

간밤에 세 번이나 깨어
낙엽 으스러지듯 고통으로 뒤척였지만
가마솥같은 뜨거움 앓고 난
다음날 아침,
내가 이겨낸 밤에 대해 감사함을 느낀다

지난 해 시리도록 아팠던
서현동의 가을 하늘을
이제는 초연함의 말간 눈망울로
올려다볼 수 있음에 감사함을 느낀다

눈뜨며 맞는 아침이
서럽도록 외롭지 않으며
성모상 앞에서 드리는 시월의 기도가
그다지 쓸쓸하지 않으며
목욕탕 가는 길의 가로수가
싸리비 쓰는 소리처럼
처량맞게 가슴을 쓸어내린다 해도,

텅 빈 거실 나홀로 서성일 때

과도로 사과 껍질 돌려 벗기듯
싸늘한 기온이 나의 폐부를 에워싼다 해도
나는 이 가을, 더 많이 아프지 않음에
감사함을 느낀다

바삐 살다가도 계절의 전령 앞에
한 번 쯤 돌아다보는 저만치에
그대 그림자 아직,
나를 향해 바라보고 서 있음을 볼 때
부채처럼 살짝 가려진 내 속눈썹
천천히 반달처럼 떠올리며
감사함을 느낀다

07

사랑멀미

유월의 장맛비 소리 들으며
베란다 뒷창문 내려다보던 순간
약간의 어지러움
목젖을 타고 올라오는
나뭇빛 그리움,
멀미를 시작한다
종일을 빈 속 가득히
파인애플 향 나는
음료수만 채웠을 뿐인데
속이 메스껍고
울렁거리고
흔들리는 배 안처럼 불안하더니
급기야
가슴 한가운데 통증이
계란 한 알로 박혔다

빗줄기로 잉태한 사랑!

08

딸의 졸업식장에서

드넓은 중학교 강당 안
빼곡이 가득 찬 학생들
그 틈 사이로
교복을 단정히 차려입고 앉은 네가
으뜸으로 자랑스럽구나

곧 여고생이 될
너의 총명한 눈빛엔
결연한 의지와 확고한 신념
이글거리며 부풀은 꿈덩이가
빛을 발하는구나

이제 너를 소유하려 하지 않겠다
잔소리로 간섭하는 것도 그만두겠다
머나먼 창공을 향해 쏘아 보내는 활처럼
너를 세상 속으로 날려 보내겠다

때로 먹구름이 낄지라도

푸른 바다와 같은
무지개빛 찬란한 창공을
피겨 퀸 김연아처럼
너도 한 번 멋지게 날아 보렴

꽃다발 한 아름 가슴에 품은 엄마가
여기 서서 바라보고 있단다
어여쁜 꽃기둥, 나의 딸아

09

이렇게 슬픈 날에

하늘이 울음을 토하고
거리가 슬픔에 젖어
내 목줄기 타고
진한 핏방울 같은 눈물
또르르
가슴으로 굴러 흐를 때

오늘의 너는
오늘의 나는
똑같은 시간 속 망설임으로
위험한 그리움의 그네타기를 한다
높이
더 높이
다이아몬드 빛깔의 기억 속으로
볼연지 붉게 물들던 사월의 꽃내음 속으로
청아한 그 여름의 숲향기 속으로

그러다가 뛰어내린다

네가 없는 곳으로
내가 없는 곳으로
돌아가야 할
눈물 한 방울,
원점으로

10

여우 목도리

창밖을 본다
떠나가는 여인의 드레스자락처럼
싸리눈이 휘날린다

장롱을 열어 깊숙한 곳
십칠 년 전 함 받을 때 내게 왔던,
숨죽이고 오랜 잠자던
여우목도리를 꺼낸다

회색빛에 검은빛이 희끗희끗한
보드라운 털에
여우 주둥이를 물려 본다

여우 한 마리를 목에 두르고
꼬리를 쓰다듬으며
창가에 섰다

싸리눈을 바라보는 동안

누군가 등 뒤에서 목을 안고 있는 듯한 착각이 인다
가슴 저리는 푸근함……
나도 누군가에게
다사로움을 선물하는
여우 한 마리로 남겨지고 싶다

11 오렌지 빛깔의 저녁은 흐르고

옷 벗은 겨울 나무 그림자 사라진
캄캄해진 창문으로
오렌지 빛깔의 저녁이 흐르고 있다
주방의 식탁 의자에
조그만 불빛 켜고 턱괴고 앉아
흐르는 저녁과 벗하고 있다

때로 위로가 되고
때로 치유가 되고
때로 미소가 되고
때로 까만 눈빛 가득히
고이는 눈물이 되기도 하는

마흔 둘,
시간이 다했다
돌아보면 꽃빛 기억 뿐.
해 바뀌면
떠나는 사람보다 기다리는 사람으로 살고 싶다

유리창에 빗물 흐르듯
기다림을 사랑하는 내 가슴에
반쯤 녹은 고드름이
뚝뚝 떨어지는 겨울 저녁이다

12

늦가을 속을 달리며

샤넬 귀걸이 한 귀 뒤로
레몬 향수 퐁퐁 뿌리고
무작정 집을 나와
천천히 핸들을 돌리네
약속 없이
목적 없이

비 내린 후 십일월의 거리는
민속주점에 모여 술취한 젊은이들처럼
젖은 낙엽들이
서로서로 어깨동무하며
몸살 앓는 아픔들을 위로해 주네

어느 시인의 말이 떠오르네
– 사랑하라, 한 번도 상처 받지 않은 것처럼 –
가을 깊은 가로수를 가로지르며
내가 받은 상처는 셈하지 않기로 하네
달빛 한 스푼의 너그러움으로

내가 미안했던 것만 기억하기로 하네

아무리 혼자 있어도
아무리 아플지라도
아무리 눈물 가득 고여도
하얗게 웃어 보고 싶네

그리고 말하고 싶네
미안해
미안해

13

오션캐슬에서

꽂지 해수욕장이 내려다보이는
오션캐슬 발코니의 푸른 난간에 서서
안아 달라고 안아 달라고,
앞가슴 내미는 격정의 오페라를 듣는다

늦겨울 지는 석양의 그림자
내 갈색 웨이브 머리카락이 반사되는 순간
아이스커피 한 잔으로 목을 축이며
하늘에 비치는 바다에 내 나신을 들여다본다

끝없이 밀려드는 열정과 욕망을
꽂지의 하늘에 벗어 던지고
옥빛처럼 맑고 투명하고 거짓 없는
나 자신만을 만들어 가리라

지금 내 곁에는 나의 사람이
같은 곳을 바라보며 함께 서 있음이
뭉게구름 한 다발의 뿌듯함으로

가슴이 일렁거린다

나의 사람의 흰 머리 희끗한 머릿결에도
겨울햇살이 나부낀다
그와 내가 맞는 열여덟 번째 결혼기념일을
축복해 주듯이

14

위안

그대 꿈결 울려 주는
이른 새벽 청량한 새소리이고 싶다
그대 눈 뜨며 맞는 아침 식탁 위
한 송이 연분홍 장미꽃이고 싶다
그대 좁은 창문으로 보이는
넓은 청잣빛 하늘이고 싶다
그대 뜰안의 작은 앞마당
한 줌 생명의 씨앗으로 뿌려지고 싶다
그대 영혼의 광야에 갈증 풀어 주는
시원한 물 한 모금이고 싶다
그대 집 지날 때면 추운 날이라도
잊지 않고 우체통에 꽃편지 한 통 넣고 싶다
그대 슬플 때 밤새워 그대 위한 기도를 올리고 싶다
그대 일어날 때나 잠들기 전
이마 위에 입맞춤하고 싶다
그대가 혼자라고 느낄 때
사랑한다고 서툴게 말하고 싶다
그대 돌아선 외로운 등을 발견할 때

살며시 다가가 내 하얀 뺨을 그대 등에 기대고 싶다
그대가 아플 때 그대 곁을 지키며 내 더운 손을 건네고 싶다
그대에게 나는
그대에게 나는
위안이 되어 주는
그런 사람이고 싶다

15 딸기 쥬스를 만들며

초록빛 모자를 벗는다
쏴아 물줄기 둥그런 욕조 안에서
딸기들이 목욕을 한다
울퉁불퉁한 허물과 상처를
서로 서로 씻어 준다

믹서기 속에서
딸기들이 사랑을 한다
정신없이 사랑을 한다
자신을 다 버리고 사랑을 한다
세상의 잡음 소리 귀 막고 사랑을 한다

침묵이 흐른 뒤
흰 테이블 위
허리 잘록한 유리컵 속
빨간 원피스 갈아입고 서 있는
산뜻한 그녀

강근숙

견고하고 아름다운 집 한 채
짓고 싶어 짓다 부수고 다시 짓는
언어의 집

01

선잠, 서성이다

다가오지 마라, 선잠
발도 들여놓지 못하게
길목 지키고 섰다
흐르지 않는 밤바다
불 껐다 켰다 껐다 켰다

배고파 배가 고파
먹다 남은 족발
수면제표 맥주 한 병
꼭꼭 씹어 달게 삼킨다

밤새 빈 방 서성이던 외로움
홀로 두고 밤은,
슬며시 어둠을 내린다

02

속

푸성귀 같은 여인이 안고 온
무공해 배추 두 통
한 잎 한 잎 풀어 헤친다

속이 썩었구나
깊은 곳 갈피마다 숨겨 논 넋두리
폭풍우 쓸고 간 이후, 생생한 생채기 자국
아무에게도 내보이지 못한 가슴
겹겹이 감싸 안고
푸른 잎새 팔랑인다

누렇게 떠서 문드러진
속

03

낯선 주검

햇살 내려 꽂히는 서해안
피서객 몰려드는 선녀 바위 아래
까만 돌고래 한 마리 누워 있다

사람이 그리웠을까
파도 따라 너무 멀리 나왔다
저-만치
녹색 물결 출렁이는 바다, 어미의 품 속
돌아갈 길을 놓친 어린 목숨
세상이 캄캄하다

호기심으로 바라본 육지는 늪이었어
벼랑보다 아득한 적막
빠져나오려 하면 할수록, 점점 더 빠져드는
깊은 수렁
얼마나 안간힘을 썼는지
작은 몸뚱어리 피투성이다

낯선 주검,
물놀이 하다 문상 온 아이들
바다로 다시 돌려보내야 한다고
술렁이는 해변

04

갈 끝자락

젊은 날 얽힌 인연 떨구고 있다
몸 부대끼며 살갑던 푸른 숲 쪽방, 한때는
따스했던 숨결이
하나였던 숨결이
버석거린다

허리 휘감는 바람
아직 온기 남아 뒤척이는 정
놓아 버리자, 다 떠나보내고
빈 몸으로 서서 동안거冬安居 들 때
비로소 한 생

조용히 안식한다

05

태양을 품어 – 개기일식

너 있는 문 한 번 두드리지 못하고
먼발치서 배회하다 하얗게 바랜 젊음,
그래도 떨칠 수는 없어
셀 수 없는 밤 어둠을 걷는다

너는 네 길 가고
나는 지구를 칠백서른 바퀴 돌고
두 바퀴를 더 돌아, 만남을 허락받은 오늘
나의 입맞춤에 너는 눈을 감았다

사랑은 부끄러운 일이 아니야
대낮 하늘에서 펼치는 신비로운 몸짓
가까이 더 가까이,
꽃잎처럼 포개져 까맣게 타는 가슴
두 시간 사십 분

06

기대지마시오

기대지마시오
기대지마시오
문산에서 도라산 오가는 열차 문에
나란히 서 있는 글씨
아무리 봐도 내겐,
기대하지마시오
기대하지마시오 한다
내 고단할 때 기대어 쉬고 싶은
나무 한 그루 없어도
내일을 붙잡고 기대하며 살았다
기대하다 잃어버린 그 많은 소망들
기대하지마시오 기대하지마시오 한다
기대면 기댈수록 혼자 서지 못하고
기대하면 할수록 돌아오는 낯 뜨거움
달려가는 세월이,
기대지 말고
기대하지 말고
꼿꼿이 가라 한다

07

일몰

서해 바다
긴 그림자 끌고 온 붉은 빛
울퉁한 바위 털썩 주저앉는다

온종일 타는 가슴으로 숨가빴을 하루
자꾸만 목이 말라, 연거푸 잔을 비운다
젊은 날의 나처럼
네 눈가는 언제나 붉었어
오늘은 나보다 더 취해 울먹이며 풀어 놓은
서럽고 아픈 사랑

하늘과 바다
지상의 모든 경계 다 지우고
고독 흥건한 어둠 속으로
몸을 묻는다

08

줄 위에 서다

다른 길은 없다
잡을 것 하나 없는 외줄 위에 올라서서
중심을 잡느라 숨 고르는 남사당,
앞은 구만리 발 아래 아찔하다

어차피 가야 하는
인생은 외줄타기
하늘 끝 그리움 세워 놓고
굿거리장단 쿵-덕, 줄 위에 얹어
새 처 럼 팔 을 펼 친 다
한 손에 부채 들고 또 한 손엔 허공 잡고
한 발짝 옮길 때마다
등줄기 흐르는 식은땀

뉘라서 알리
수없이 떨어져 멍들고 깨진 상처,
아픔도 익숙해진 흔들리는 바람 속
오늘도 외줄타기
앞만 보고 간다

09

흐린 날

안개 내리듯
비 내리는 듯
창밖 저 너머 희뿌연
아파트 군단 회색 하늘
온통 잿빛에 갇혀서 괴어 있는
축축한 시간

벗어날 수 있을까

진달래 철쭉 만발한 오월에 앉아
아직, 깨어나지 못한
도시를 엿보고 있다

10 혹여

어제까지 하나였던 두 사람
단호하게 금 그어 놓고
날을 세운다

그대 혹여,
헤어지더라도
죽도록 미워서 이별을 한다 해도
사랑보다 중한 아픔을 견딘 사람들이라면
가슴 후비는 말은 하지 말자

마음 닫고 돌아서면
다시 볼 수 없는 사람
마른풀처럼 혼자 야위어가며
궁금한 것 없이 잊혀진 날
흐르지 않고 남이 꼭꼭 찌르는

말
그 말,
부서진 갈비뼈

11 삼매에 든 시간

녹음 짙은 어린이 놀이터
힘없는 시간들이 구부정 앉아 있다
텅 빈 하늘,
퀭한 생의 한나절
멈출 줄 모르고 달려온
숨가쁜 세월 한 바퀴
수고했노라 노인들 머리 위에
왕관처럼 흰 모자 씌웠다

환幻이었어
꿈이었어
인생은 무엇이냐
허공에 화두 던져 놓고
삼매에 든 등 굽은 시간들

시간은 없다
시간은 없다고 우기던 초등학교 내 친구
시계 없는 나라로 급히 떠나고

나는 밥벌이 위해
죄 없는 시간 수갑 채워 놓고
야금야금 갉아먹고 있다

12 고요한 숲, 침입자

도토리 거위벌레, 튼실한 도토리 속에 알 낳아 놓고 참나무 가지 마구 잘라낸다 푸른 줄기 다닥다닥 매달린 열매는 어린 새끼 창자 채울 귀한 양식, 아직 무른 과즙 여물기 전 길고 단단한 주둥이로 톱질하여 땅으로 떨어뜨린다

도토리 방 애벌레, 과육 먹고 자라나 흙집 짓고 겨울 바람 견디면 너도 어른

톱질하느라 다 뭉그러진 주둥이, 할 일 다 한 듯 나뭇가지 끝에서 지긋이 내려다본다

잘려 나간 나뭇가지, 누구의 짓인 줄 뻔히 알면서
아무도 처벌 못하는 어미의 모진 사랑
산길에는 모성이 수북하다

13

불꽃놀이

출렁이던 물살 떠나간
어둠이 진을 친 바닷가
보드라운 속살 베고 누워
밤하늘에 쏘아 올린 불꽃을 읽는다

한여름 밤
살아 있는 사람들의
화려한 축제
하늘 가득 번지는 꽃-불
별이 되어 품속으로 찾아드는
빛의 화신

아무도 모르게
별 하나
가슴에 심는다

14

지천리知天里의 봄

햇살 가득한
명자나무 붉은 입술 벙그는 뜨락
눈 맞은 딱정벌레 한 쌍
언약식이 수줍다

봄이 허락한 인연
울렁이는 가슴, 사랑한다는 말
삼키지 못하고
망울진 가지 위에 맨살로 쓰는 연서
ㅅ ㄹ ㅎ ㅇ

다음 생生 우리 또 만날 수 있을까
봄바람 귓불 간질이며
ㄴ ㄷ ㄷ ㅅ ㅅ ㄹ ㅎ ㅇ

자음만으로도 읽을 수 있는
지천리知天里의
봄

15

월말

현재귀하계좌의잔액은영원입니다
찾으실수있는금액은영원입니다

혹시나 하고 두드린 번호판 뒤에서
들려 오는 안내 멘트
도시의 뒷골목에는
가난이 숨어 있다

날 바뀌고 달 기울면
끈질긴 추적자 바싹 따라붙어
발목을 잡는 사슬

위급한 상황 꼬리 끊고 달아나는 도마뱀
지금 나는, 한 마리 파충류 되어
꼬리 뚝 잘라 내고
숫자 없는 세상으로 달아나고 싶다

김옥자

작은 풍경 속
소소한 이야기를 꺼낼 수 있다면 행복하겠지요
아직은 서툴지만…….

01

그 물 속, 가시 없는 물고기

잔잔하던 수면이 소란하다
다리 위에서 내려다본 연못 속
누군가 물고기를 향해 먹잇감을 던져 준다
목을 쳐들며 달려드는 고기 떼
혀끝을 유혹하는 맛
팽팽하게 당겼다 놓는 아가미의 신경 줄은
내성을 키워 온 미각味覺에 길들여져
고무줄 같이 무기력하다
마지못해 움직이는 촉수의 변명은
눅진눅진 체지방을 키워
몸의 균형에 엇박자를 놓고
물먹은 솜처럼 축 처진 세포들은
의지박약의 중증으로 치닫는다
깊은
수렁 속으로 감겨 들어
물위를 뻐끔거리며
어눌하게 겉돌고 있는
무명의 가시 가시들

02

가급적이면, 좋은

용량 적은 메모리 안
자투리 공간이라도 빌어
저장해 두고 싶은 말 있지요
성큼, 귓속으로 들어가지 못하고
귓불을 만지작거리다
누군가의 입 꼬리를 올려 줄 수 있는 말

말이 수다스러워
말을 어처구니없게 하고
가슴과 가슴 벽을 쌓게 하는 거 아닌

별스럽거나
천당을 다녀온 사람 아니고도
곁에선 피붙이 같이
가슴 한쪽 따스해지며 든든해지는
그 말
내 속에서 싹이 나고 자라
다른 사람에게 점점 전이되어

광주리 한 가득 담아 두고 싶은

말

03

나도 모르는 사이

문 밖, 발 딛어 보니
조간신문이 배달되어 있고
커다랗게 활자화된
팡팡 뉴타운 몇 월쯤 착공이라는 내용과 함께
후속 대책, 좀 더 구체화하는 글
지면을 장식했다

단골가게 입간판이 바뀌어지고
○○현수막이 찢겨져 날아가고
멀쩡했던 도로가 주저앉아 버렸다
새로 지은 빌딩 속으로 허름한 집이 묻혀 버려
사람과 사람이 그 지역을 떠나도
도시는 여전히 분주하기만 하다

예정되었던 퍼즐 게임을 맞추듯
전광판의 그림을 바꿔 가며
도시는 춤을 추고 있는데
기대고 살아온 터전이 어딘가로
자꾸만 견인되어 가고 있다

04

낙엽, 여행가듯

문경 단양 간 왕복 4차선 도로
가로수에서 쏟아진 낙엽
단체로 웅크리고 있다

초췌하게 구겨진 낯빛
바스러질 듯 파리하게 떨고 있는
은행잎, 플라타너스 잎까지
연중행사에 참여하고 있다
나름 내색 못한
슬픔 감추고
떼구르르 구르며 어우르고 간다

허공으로 달음질도 쳐 보고
맨 바닥에 누워
몸부림도 쳐 보았지만
저만치 앞서
겨울이 오고 있다

05

모를 일이다

담양 죽녹원
빽빽이 들어선 대나무 숲길 걸어 본다
하늘을 찌를 듯 곧게 뻗은 결기

모를 일이다
곧아야만 하는데
아슥아슥 해지며
댓잎 부딪는 이유
바람에게나 물어볼 일

마디마디 담긴 비인 소리
공명관을 흔들며 대밭을 지날 때
아침 이슬로 기별 넣었을 뿐인데
청정한 바람 따라
쑤욱 쑤욱 솟아 오른 원뿔 모양의 연인들
대숲에 수많은 풍문 남겨 놓는 이유

모를 일이다

06

참나물을 무치며

저녁 찬거리로 참나물을 샀다
흐르는 물에 씻어
참깨와 참기름을 넣고 두어 번 조물거려 내는데
갑자기
요것, 먹으면 참말로 참해지는지 궁금했다
무쳐낸 나물을 입에 넣고 참-나물을 음미하는데
참. 참. 참하게 어우러진 향이
입 안 가득 퍼진다
참한 생각을 하듯
참하게 살고 싶어졌다
오래전
어려운 일 참고 살면
좋은 날 있을 거라는 어머니 말씀
참말로 옳은 것 같아
참고 살아 보려 하는데
코끝이 찡해 온다

07

한낮의 고요

부엌 한 귀퉁이 소쿠리에 담긴 감자 몇 알처럼
가뭇가뭇 기억 속에 있을 법한 것
태양의 중심은 머리 위에 꽂혀 있는데
안마당 안으로 들어온 빛
안채 기둥과 사랑방 쪽마루 사이 내려와 앉는다
해를 쫓아가며 작고 소소한 나락과 소채를 말리느라
다락방 작은 창을 열고
그곳에서 빛의 움직임을 가만히 내려다본다
고요함, 조용함
무거워진 눈꺼풀을 감당하지 못해
고개를 끄덕이며 졸고 있을 때
우편배달부의 편지요 하는 소리
바람은 뒤 곁 창으로 들어와 대청마루를 지나
대문 쪽으로 빠져나가고
어미 제비가 둥지로 먹이를 물고 들어오면
어린 새끼들의 수선스런 모습이 활기차 보였다
멀리 기적 소리 간간히 들릴 즈음
도회지로 나간 언니가 보고 싶어지면

다락방에서 내려와 돌담 밑 해 그림자를 좇아
오도카니 앉아 가슴 속 말을 꺼내어
땅바닥에 무언가를 썼다가 지우고
그림을 그렸다 다시 발로 지우곤 했었다

08

그 집이 허무하다

퍼런 서슬 와르르 무너져
문전성시 이루던 객 발 끊어졌다

섬돌 위 고무신
석삼 년도 못 살고 청상이 된 여인
질긴 청승을 안고 있다

안채, 씨아가 멈춘 시간
가물가물 불 꺼진 아궁이 옆
커다란 항아리 입 벌린 채
채워 줄 누군가를 기다린다

들창 틈 사이 가녀린 빛 아래
마른 먼지만 풀썩이고
저물녘 수막새를 오가던 굴뚝새마저
오늘은 오지 않았다

09

빙벽 오르기

살갗을 베는 강추위 속
구곡폭포* 빙벽을 오르는 여자
허연 빙폭에 외줄 걸고
양손 아이스바일*을 쥔 채 빙벽을 찍고 있다

사각사각 나를 깨우며
한 발 한 발 얼음벽을 딛는 순간
떨림으로 다가서는 미지의 세계
간격과 간격을 띄워 보폭을 조절해 보지만
낯설고 고독한 길

숨이 차고
외줄이 흔들린다
오르고 싶은 간절함
차디찬 빙선에
따뜻한 감성으로 안겨 본다

---

* 구곡 폭포 : 강원도 강촌에 있는 길이 50미터정도의 얼음 빙벽
** 아이스 바일 : 빙벽을 오를 때 사용하는 곡갱이 모양의 등산용구

10 사춘기 소녀처럼

삭풍마저 떨구지 못한
꽃눈 달고
마악 피워 올릴 듯
물고 있는 봉우리

열두 살 소녀
가슴 봉긋 솟아 올리는
지상으로 물어오는 꽃 물음
살폿 흔들어 대는 햇살에
볼 비벼 대면
사알짝 벙그는
목련꽃

11

산에는 이제 나무꾼이 없다

능선을 따라 줄을 선 빈 나목
갈기를 세운 아버지 모습

숯을 굽기 위해 산으로 가는 사람
참나무를 고르고 잡목을 솎아내고
나무와 나무 사이에 얽힌 칡넝쿨을 끊어 낸다

생목生木을 자르는 소리
허옇고 작은 톱밥이 사방으로 흩어진다
"거기 누구 없어"
커다란 나무가 산을 울리며 쓰러진다

푸드득
새 한 마리 날아간다
잠시
산은 고요하다

12

소금꽃 왔소

갯가를 뒤척이던 땡볕
수면 위로 내려앉으면
바람은 마알간 물 끌어모아
하얗게 소금꽃 피게 한다

가세 기운 집안의 맏이는
짜디짠 가난, 비릿한 갯것의 냄새까지 달고
먼 이국땅 리비아 대수로 공사 현장에 선다
오십 도를 웃도는 가마솥 더위
콜타르 공사가 한창인 도로엔
흠뻑 젖은 등줄기로 허연 김이 오르고
잊고 싶은 기억
고국으로 오일 달러를 송금할 때마다
구릿빛 얼굴에 하얀 이를 드러내며
그의 눈에선 빛이 난다

소금꽃 왔소
비가 온 뒤라 하늘이 깨끗하요

날씨가 참 쾌청하오
오늘은 소금꽃이 굉장하오
그라제 정말 징하요
소금꽃 좋게 왔소잉

13

순했음 했네

진한 우윳빛처럼 살고 싶었던 것이
꿈이었을까

시장 좌판 도마 위에
얄팍하게 저며진 뽀오얀 살점
누군가의 입속을 따라가고
앙상하게 남은 뼈대
밀리며 떠밀리며 간다
포달지게 어금니 부딪는 소리
바랭이처럼 한 뼘을 넓히며
더 넓히며 끌고 온 생
울퉁불퉁 땅 끝 딛고 설 때마다
놓아 버리고 싶었던 삶

순하게 다가왔던 수많은 풍경
하나하나 지워질 때마다
스산하게 밀려드는 설움
겹쳐 놓여진 일상이 소태 같다

14

양말

양말 한 켤레
세탁기 앞에 앉아 있다

섬유 올 느슨하고
꽃무늬 빛 흐리다

발 아래
가장 낮은 곳
낮추면서 낮아지면서 살았다

미운 발가락
흠될까 덮어 주고
차가운 발뒤꿈치
마음 시릴까 보듬고
모난 발걸음
상처 깊을 세라 따뜻하게 품는다

팔순 노모

여덟 켤레 양말
길고 꿰맨다

15

일상

선술집 탁자 위로
부침개와 동동주가 빙그르르 돌고
얽히고설킨 매듭을 푸는 자리엔
거르지 않은 뭉툭한 말과
둥그런 말들이 오고간다
각자의 생각을 불러 모아
원근遠近으로 다가서는 밉지 않은 풍경

굽은 등을 토닥이며
그래!! 그래 내일 또 보자는 말
말초신경까지 따뜻하다

둥글고 둥근 정이 하루를 돌아
도시 어디쯤에서 각진 곳을 마모시키는
작은 몸짓 오늘도 돌고 있다

김현찬

신의 은총으로 아름다운 계절
시가 절로 흘러나오고
회회로이 고고하구나

01

가슴 앓이

사는 것이 다 그렇다고
되뇌이고 다짐해도
가슴 한쪽은 허전한 공간

희비애락 티각태각 올망졸망 혈육들
따스한 핏줄은 동백으로 피어나고
철없는 응석은 시샘하는 개나리
어려움 당하면 씀바귀 씹은 듯해도
물난리에 부둥켜안은 진흙 덩어리

어느 사이 찬 비바람 스며들면
터울터울 순서도 없이 떠난다
꿈속에서 만날까 허우적거려도
아무도 맞잡아주는 이 없다

행여
하찮은 바위 심하게 부딪쳐도
서운해 찡그리며

가슴앓이 하지 마소
사는 게 다 그런 거라고

02

사월은 1

흙바람 헤치고
빠끔이 노오란 얼굴 내민다
메마른 몸체에 하얀 손 올리고
뾰루퉁 오리 주둥이 내민다

눈얼음 헤치고
햇살 같은 눈웃음이 길손을 잡았다
보송한 솜털은 추위도 모른다
섣불리 얇은 옷 입은 진달래는 파르르 떨고
무리 진 꽃송이 봄을 재촉한다

사월은 마술쟁이
흙먼지 언덕에 아무도 살지 않았는데
사랑 조금
이슬 방울방울 굴러
복수초, 얼레지
이름 모를 꽃들도 서둘러 나들이 길

두근두근 성급한 마음
변덕스런 날씨 시샘하는 비
화사한 벚꽃 흐드러지게 피어도
사월은 생명의 시작을 알리고 가 버린다

03

사월은 2

봄비가 억수 같이 퍼붓고 있었다
내 마음 갈기갈기 찢어내고
내 눈물도 홍수 같이 흘렀다
잔인한 달, 잔인한 날이다
예수님 십자가에 못박히신 고난의 날
파리한 손, 핏줄 따라
주사 바늘 꽂혀진 어머니
사랑하는 예수님
내 사랑하는 어머니
울먹이며 부르던 그날의 고난절 예배

그날은 부활절 아침
참 화사한 날이었다
좋은 날씨다, 꽃들이 다 피었겠다
맑은 창을 보며 웃으시던 어머니
어서 일어나 꽃구경 갑시다
끄덕이더니 약속도 못 지키고
자식 걱정에 붉어지신 눈썹미

울지 마, 하나님이 다 지켜 주실거야
예수님도 때로는 울며 기도하셨어
가슴가득 부대끼는 서러움
삭이고 울먹이며 잠이 드신 어머니

주절주절 분명치 않은 말
내게 타이르듯 하시던 어머니
제자들처럼 졸린 눈 껌벅인채
말도 되지 않는 걸 뭐라고 하느냐
내 핀잔에 조용히 눈 감으신 어머니
다시는 아무 말도 하지 못하였다
다시는 아무 말도 듣지 못하였다
어머니 그날 무슨 말 하신걸까?
이 못난 철부지 딸 어찌해야 할지
뒤늦게 후회하며 울부짖는다

그날은 흙바람 불던날
누울 자리 하나 마련하고 우리를 다독이신다
그 나라는 고통 없이 평안하실까?

04

광화문 연가

나는 광화문이 좋다
내 모든 꿈과 문화의 요람지
분주히 곳곳에 이야기를 나눌 수 있는 곳
오가는 발걸음 속에 사연이 숨어 있다

쭉뻗은 대로에 고전과 현대가 어울려
나랏님 머물던 궁궐은 우러러보아야 하는 곳
둘러싸인 수려한 북한산, 삼각산은 숨통이다
멀리 비스듬히 보이는 남산과 탑은 내려보며 좋아라 한다
세종대왕 궁궐 앞 좌정하여 백성들 어여삐 돌보시네
바다도 아닌데 자기 일 충실한 충무공 동상

광화문 안방 뜰은 옛모습 찾느라 분주하다.
핍박의 잔재들 몰아내려 조각조각 부숴도
박물관 자리 가슴 곳곳 남긴 앙금 없어질까
뒷골목 골목에 숨어 있는 사연들이
새 건물에 밟혀 하나둘 사라져 간다

새것이 나오면 옛것은 사라져야 하는구나
바뀐 새것은 어떤 것을 새롭게 보이려는가
온통 뒤집어 놓은 지금, 광화문 앞 광장
새것도 왜 새로워 보이지 않는가

꼬집어 말할 수 없는데, 그냥
옛날의 광화문 뒷골목이 좋다

05

별아, 내 가슴에

우주의 존재 이유는 오로지 희생을 위해
우주가 나의 것인 양
사람들은 자기만 안다
반짝임이 대화라고
주저리 주저리 하소연 한다

자기만 우수한 창조물이라고
창공이 모두모두 괴로워하는데
별이 반짝이는 건 맺힌 눈물방울이야
별무리가 보이는 건 외로운 거야
별에게 묻지 마라

밤하늘 반짝이는 별들의 미소
그래!
별은 내 가슴 속 희망이었어
내일은 청명한 날이 될 거야

06

자화상

구부러진 가지에 대롱대롱 까치밥 하나
바람도 핑핑 희롱하며 지나고
오가던 철새도 저마다 희희덕거린다
파아란 하늘 가녀린 흰 구름만 미소를 보낸다
어느새 잎 지고 잿빛하늘 푸석이면
빛 잃은 태양은 흰 눈 속에 숨고
엄동설한 찬바람은 제철인 양 거만하다
철모르는 할미꽃이 웬일로 피었는지
담장이 사철나무 아래 살짝 숨어 내다본다.

산천초목 무성한 꽃무릇의 꿈의 무대
한계절 지나가도 꽃피우지 못한 사연
그리움은 솟대 되어 하늘로 오르고
그제사 빠끔히 산형으로 펼쳐진 붉은 얼굴
그 이름 상사화려니 체념하며 산다

생활의 느낌이 있어야 끄적거려지는 글
멍한 시선으로 하루를 산다

산다는 것이 행복이다
나는 행복한 삐에로일까?
언제가 그리움따라 갈 기약 없는 여정

07

선線

혼자 가다가 멈춰지는 길
둘이 나란히 나란히
가깝고도
먼 길
가도
가도
끝이
없는
길

닿을 듯
말 듯
멀어
지는
길

너와
나의

세계는
잡힐 듯
만날 듯한데

아직도
닿지 못한다.

08 땅끝土末 – 연말 전남 해남 땅끝마을에서

땅끝
오래된 모든 것이
기다리고 기다리는 곳

그곳에는 신비의 기운이 미소한다
두륜산 웅장한 대흥사
달마산 국보탱화를 지닌 미황사
서산대사 기다리는 표충사
녹우당 다산 정약용이 사색하던 초당
오르고 올라 동백과 즐기며 바다에 뿌리는 사람 시조
가슴 벅차도록 내 마음에 파고드는 건 무엇일까

넘치는 유적과 명인들의 고즈넉한 넋
송시열의 한숨 어린 벼랑바위 한시는
그렇게 매달려 한恨 세월을 지나야 하나
어제라도 옛날은 살아 있는 역사인 것을
어제와 오늘도 이별한 것은 아니다

깎아지른 벼랑과 바위 앞에 가슴 열리는 망망대해
육지향한 망부석 마라도와 한라산을 보다
나는 비로소 대륙에 매달린
조그만 육지 다 돌다 이곳에 오나
인생을 다 살아 정리하는 마음이 되나

해안을 타고 마냥 돌고 돌아 본들
이곳은 엄지발가락 끝
신神의 왼발을 딛고선
발가락 사이를 달려가는 개미들이다

아니 쉬고 있는 호랑이의 발가락 사이를
어쩌라고 오락가락하는 양이다.
가슴 벅차도록 내 마음을 조여 오는 이건 무엇일까?

09

물그림자

찢어진 우산 사이로 쏟아지는 빗줄기에
메마른 나뭇가지 감싸안는 물그림자
두려워 서성대는 내모양이 초라하다
동그라미에 눈물이 팽이처럼 돈다

은하수를 뿌려 놓은 듯 반짝이며
앞서 가는 물그림자는 가로등을 닮았다
비오는 날을 좋아하던 너

발자욱 자욱마다 퍼져 가는 여울 너머
아름다운 사랑
너는 빗물이 되어 내게로 오고
나는 네 곁에 그림자로 선다.

10

세월

푸른 꿈 강렬한 해 가는 길 열어 주고
열정의 외침이 높은 산 계곡으로 메아리 울려
푸르른 잎새에 붉게 타던 꽃 송이송이
환희의 나날은 구름 속에 소나기인가
청포도 알알이 옹기종기 맺힌 물방울이
조롱조롱 꽃 무리 되어 상사화로 핀다

내게 닥쳐진 이 언덕 도달하기 전
파릇파릇 피어나던 아스라한 삼라만상
개나리 진달래도 반기며 달려오고
가느다란 지푸라기에 희망의 움직임도 있었다
거울에 비쳐진 벌판에 매지 못한 밭이랑
검은 풀숲 여기저기 뿌려진 하얀 서리

가는 길 때때로 눈 덮힌 첩첩산중
눈보라가 옷깃을 휘몰아치고
움츠린 뒷덜미가 한없이 추워라
신의 오묘한 마음 하나로 돌아 가는 갈랫길

아름답던 가을은 한 폭의 그림인가
그대 기다린 오색 무지개
낙엽지는 고즈넉한 길

아직도 내 마음은
녹음방초 우거진 벌판이어라

11

가을의 환희

들꽃이 가을바람 타고
발레리나 되어 하늘바라기
「무도회의 권유」에
길손의 마음을 회유하네

여린 듯 청초한 듯 해맑은 미소
앙징맞은 고운 빛 저고리 나풀거리며
우리네 소박한 사람들 이야기
해바라기 안테나 고추잠자리에 소근대고

바람소리인가 가녀린 소리
누구를 그리는 바이올린일까
화려한 여름의 흔적을 어루만지는
코스모스 들판의 만남은 환희이다.

이제 곧 알알이 열매가 되리라

12 여름, 산에 오르며

올라간다
올라간다
땀을 흘리며
목을 축이며
왜 오를까?
그래도 우린 오른다
뙤약볕
가쁜 숨 몰아쉬며
화악산 지능선
시원한 나무 숲길은 우리 차지가 아니다

오르고
또 올라도
구불구불 황토 언덕길
머리에 물수건 쓰고 산으로 피난 가는
훈련병 훈련하는 바로 그 모습인 양

어머니 군에 간 자식 힘들까

푹 패인 눈시울 만큼
허리 시큰 힘겨운 일도 참으시더니
산 언덕 하나 오르며 어머니 생각
바위 언덕 둘 오르며
떠오르는 어머니 미소
돌에 부딪쳐 미끄러지며
아파하던 어머니 얼굴

어머니도
이 산을 넘고 또 넘으시리

찌는 더위에
나는
때때로
시원한 그늘과
한 모금의
물이 필요하다
저 산을

오르고

또

넘으려면

13

종이와 연필

종이와 연필이 있으면
나는
언제나 좋아요
꿈속이라도 갈 수 있어요
섬이라도 갈 수 있어요
무엇이든 만들 수 있어요
그림의 나라에선
공주도 되고, 왕도 되고

내 손은 마술사가 되지요
내 눈은 무지개를 보고 있어요
내 마음은 동화 속에서
새를 따라 바다 위도 나르고
바닷속 고기와 용궁도 구경하고

종이와 연필이 있으면
나는
아빠 엄마 계신 그 나라에

마음대로 내 마음 전할 수 있어요
나는 자유로와요
혼자 있어도 외롭지 않아요

14

청계산의 봄

자연은
있는 그대로 마음 문 열어
모두를 맞이하는데
사람은
잔뜩 웅크린 살쾡이처럼
무언가를 찾고 노린다
도심에서 조금만
멀리 눈을 들어 보면
청계산은
청아한 마음으로 나를 부른다

봄의 소리 왈츠를 타고
겨울은 엄마 품 떠나기 싫은 초등입학생
옷깃 속에만 파고든다

눈의 나그네가 간 자리
핏기 잃은 가을이 있다
변함없고

독야청청인 건 소나무
잿빛 속, 푸르름이 반갑다
그래 너는
부드러운 청계산에서
맘 설레는 사람들에게
기쁨을 주려무나

15 무제

가을엔 편지를 쓰고 싶다
누구에게? 누구에게,
메마른 산, 나무가지에 부딪쳐 꺾어질
그런 메아리라도 가을엔 소리쳐 부르고 싶다
누구라도, 누구라도,

혼자서 벽을 보고 있노라면
병 속에 빠진 하루살이인 걸
창밖엔 가을이 살고
바람은
그녀 주위에서 소근거린다
때로는 웃고
　　　신경질도 내고
　　　화도 내고
　　　주먹질도 휘두르며
　　　울기도 하고
그게 사는 거란다

낙엽 따라 가 본다 해도
끝은 아닌데
세월은 다시 탈바꿈하여
새로운 세계를 창조한다

세상은 요지경
사는 방법도 가지가지
죽는 사연도 가지가지

그 속에
변하지 않은 것 하나
내가 서 있는 그 자리
낙엽에 끌려다니다가
어느새
낙엽을 닮아 퇴색해 버린
구르는 낙엽 하나

그러나

진정
밟히고 싶진 않다
밟힐까 무섭다

16

무정한 마음

간이역에는
기차도 힘 없이 간다
깃발도 늘어져 있다
기적도 쉰 목소리로 기침을 한다

보아 주는 이 없어도
살랑거리는 코스모스에
먼지 가득한 바람이 휩쓸고 간다

철없는 잠자리 떼는
파아란 하늘이 좋아 히히덕거리고
간이역에는
기차도 제멋대로 줄행랑친다

실바람 하나 외로이
새털구름 따라간다

장현철

겨울 추위를 견디어낸
춘란春蘭에서 올라오던
신아新芽의 부끄럼입니다

01

불살랐던 자리

하늘이 광택나게 푸른 것은
저기압으로 우울했던 여름이 있었기 때문이다

가을이 외로워지는 것은
남해 바다 위에 널려 있는
보석 같은 섬들과
신이 사랑하며 만들어 낸
초록의 물결
가슴 깊은 곳에서 파도치고
있기 때문이다

가을이면 더 쓸쓸해지는 것은
속마음 붉게 물들여 놓고 떠난
첫사랑
낙엽 되어 떨어지기 때문이다
불살랐던 자리
재만 남아 하찮은 바람에도 흔들리는
갈대이기 때문이다

02 잊자고 잠을 청하면

삿바 잡아채듯 여인은
소파에서 잠든 나를 아내 온기 사라진
빈 방으로 끌고 가 옆에 눕힌다
잠결에 뒤척이며 올려 놓는 다리
침대 밑으로 떨어지고
새벽 한기 추워 가슴 위로 손 올리는데
매몰차게 허공으로 밀쳐낸다
잡으려고 눈 뜨면 연기처럼 사라진다
끄지 못한 TV 새벽 뉴스 눈과 귀를 때린다
'침수된 광화문 네거리, 100년만의 수해'
오늘도 한밤의 사투死鬪
잊자고 잠을 청하면 어느새
새벽 공기 잠옷으로 갈아입고 미끄러지듯
들어와 품에 안긴다
또 어쩌자는 것이냐
허상虛像의 여인아
비몽사몽 아내의 체취 코끝에 스친다.

03

당신 생각하면

앞산에서 한 바구니 따온
석류 닮은 빨간 열매
유화油畵로 그려야 어울릴 것 같은
보랏빛 영롱한 보석

아들 업고 버스 종점에서
통금 되도록 기다리던 마음
백분의 일, 천분의 일도 못 되지만
당신 생각하며 꽂꽂이 합니다

곧게 꽂아 볼까
가지와 잎 비슷하게 눕혀 볼까
빨간 열매와 보랏빛 보석으로
부케를 만들어 볼까

정수리 타고 내려오는 짜릿한 전율 느끼며
주말이면 나란히 할 식탁 위에
세상에 하나 뿐인 부케를 올려 봅니다

04

코스모스

파도 춤추게 했던 통기타 선율旋律은
가을 햇살 실어 나르고
캠프파이어로 화려하게 타오르던
모닥불은
하늘로 솟아올랐다가
불꽃 되어 내려온 처연悽然한 눈망울,
새벽 이슬 마시며 꽃이 되었다
고추잠자리 작은 날갯짓에도
하늘하늘
치미는
가련한
아름다움은
별님이 뿌려 놓은 그리움
오를 수 없는 안타까움

05

가을

1.
낙엽 위를 걷는다
사그락
사그락
가을이 그려 놓은 길 위의 수채화
눈동자 속으로 들어와 안긴다
부엽토腐葉土 두꺼운 오솔길 걷는다
인고의 세월 오직 주는 사랑으로만
쌓이고 쌓인 어미의 길, 그 할미의 길
전설 속 사랑 이야기 들으며
하늘을 본다 하늘 속 할미를 본다

물빛 가득한 사랑

2.
툭툭 떨어지는 밤송이
탁탁 떨어지는 도토리
한 입 가득 물고 귀 쫑긋대는 다람쥐 모습이

놀부 마누라 햅쌀밥 푸는 구수한 냄새에
침 삼키는 흥부 목울대 닮았다
낙엽 뚫고 여기저기 삐죽거리는 남근男根들
조상祖上의 희생에 눈물 가득하다
떨어지는 소리
구르는 소리
솟아오르는 소리

물빛 가득한 결실

06

끊어진 개 목줄

처서處暑를 이틀 앞둔 폭염은 정적靜寂을 개 목줄마냥 끌고 다녔다 가슴에 손자 안고 가는 밀짚모자 틈새로 폭염의 혀가 날름대며 선크림 핥아대고 맨 얼굴의 손자 그늘 만들어 주며 걷다 보니 나는 화분 속 소나무 분재처럼 한쪽으로 휘어진다 임원항* 한 귀퉁이에 옹기종기 좌판 벌린 할미들 고무다라 속 작은 바다에서 펄떡거리는 생선 마수걸이 못한 듯 눈자위에 정적이 꿈틀대며 굵은 주름 그늘 만든다 "이것이 뭐예요" 28개월 된 손자 손가락질 해대며 책에서만 보던 멍게 만지고 해삼돌기도 쓰다듬어 본다 거품 품어대는 돌게 집게발 공격에 움찔 하면서도 삼식이 가오리 성게 오징어 놀래미 하며 웅얼거린다 하품하던 할미 무료함 달래려는 듯 손 그물에 떠올린 우럭 한 마리가 손자 앞에서 광대놀음 하듯 푸드덕 푸드덕 바닷물 세례 퍼붓자 놀란 손자 뒷걸음질하며 내 다리 꽉 잡는다 폭염 속 정적을 깨는 할미의 함박웃음 꽃과 물방울이 만들어 내는 바다 위 하얀 소금 꽃이 잠시나마 개 목줄을 끊어 놓는다 할미 눈자위 주름 그늘에도 에메랄드빛 하늘이 스치고 지나간다

---

*임원항 : 삼척과 울진 사이에 있는 항구

07 당신이 그리운 아침

초여름 더위에 풀 뽑자는 부름에 짜증이 났다
거머리 있으니 스타킹 신으라고 하실 때에는 야속하기까지 했다
논물에 발 담그자 냉기가 돌아 살펴보니 벼 잎 사이로
바람 불어와 논바닥 찬 공기 밀어올리고 있었다
농부를 배려하는 신의 자상함을 느끼는 순간이었다

새참 마치고 논둑에 서서 저의 부자父子 손 잡으시고 말씀하셨다
너희 할아버지께서는 땅과 함께 살라 하셨지만
이 애비는 세월이 한참 지나서야 깨달았다
너도 잊지 말고 나의 일생이 담긴 이곳을 살펴다오
너의 대代 까지는 지켜다오
뜨거운 기운이 당신 손에서 나의 손을 타고 와 진저리치게 하고는
내 아들 손으로 감전된 듯 흘러가 버렸다

잡초 뽑아내고 김장 배추 심기 위해 텃밭 정리하다 들어왔다

30년 전 땅의 소중함을 유언하시듯 전율케 했던 감동이
방금 지나간 듯 생생한 아침이다

08

콩풀

참으로 모진 놈들이다
겨우 움터
봄 햇살 만난
연둣빛 고운 새싹 밑에서
딴전 피우다
구렁이 감듯 감아 온다
숨 막힌 어린 매화
하늘 향해 가지 뻗어 보지만
이놈은 콩팥 빼어 가고
저놈은 팔 다리 분지르고
한 쪽 눈마저 달라 하며
가지를 칭칭 감아 버린다
푸른 파도 밀려오듯
높고 낮은 콩풀들 바람에 출렁이면서
거북이 알 쏟아내듯
시꺼먼 콩깍지 만들고 있다
구천을 헤매는 어린 영혼의 비애悲哀
노怒한 하늘 된서리 내리자
놈들 엎어져 있는 들판이 온통
하얀 묘지 투성이다

09

해탈解脫

봄 햇살
돌담 사이, 사이 비집고 들어와
민들레 꼬여 꽃 피운다

하늘과 구름, 꽃과 나비
얽히어 살아가는 듯해도
구름은 바람과 만나면 사라지고
나비도 꽃잎 떨어지면
일장춘몽이다

봄 햇살 떠난
어느 날
사바娑婆 인연 훌훌 털어낸
민들레 홀씨
가벼운 걸음으로
해탈의 길 떠난다

10

준석이의 옹알이

잠든 손자 옆에 누워 본다
우유로 빚어 낸
뭉게구름 같이 보드라운 얼굴

하늘의
넓은 가슴인가
심오深奧한
바다의 고요함인가
봄날이
새근대는 숨소리 따라 다가온다

작은 손놀림에 깨어날까
허공을 안듯 품에 넣어 본다
꿈꾸며 옹알이하는 입가에서 꽃향기
목단牧丹처럼 피어난다

봄날의 숨결 따라 창공을 날다가
아기처럼 잠든다

11

사라진 봄

비 내리는 날 빗줄기
따라온 것도 아니고
눈 내리는 날 함박눈과 온 것도
아니다

깊은 잠들던 날
유성처럼 쏟아졌을까
샛별 추위에 잠 못 이루던
그 밤에 왔을까

오늘 아침 뜨거운 가슴 꺼내 헤집어 보니
가슴속에서 꿈틀거리고 있었다
봄꽃 떨어지던 아픔이 땀흘리며
열매 되어 자라고 있었다

고양이 오수午睡 즐겨야 할
5월의 따스한 햇살은 어디로 가고
뜨거운 폭염이 쏟아진다

12 보내고는 더 힘든

이틀 밤 자고 떠나는 당신
사라지는 버스에 태워 보내고
돌아서는데 빗방울 세차게 어깨를 친다

빈자리 채워 주려는 듯
가을비 가슴 적시고
눈동자 깊은 곳 그렁대던 슬픔
한 방울 이슬 되어 가을비 타고 떨어진다

만나도 힘들고
보내고는 더 힘든
이 마음 견딜 수 없어
가슴 한 켠 울고 있는
나를 꺼내어 호통친다

13

당신의 자리

잠결에 돌아눕는데
옆자리가 비었습니다
외롭고 쓸쓸함으로
가득한 밤
어둠이 내려와 감싸 줍니다

금실 좋은 기러기처럼
지지고 볶아대던
당신의 자리
부서지며 사라지는 파도처럼
다가올 줄 몰랐습니다

그리워할수록
당신은 물수제비 되어
멀리 멀리 튕겨져 나가고
새벽 물안개 되어
멀어져 갑니다

14

풍경

45번국도 옆길 500미터 들어오면
용인시 포곡읍 삼계7리
이곳은 바람도 숲도 정지되어 있는
아득히 먼 내 영혼의 고향이다

한낮의 뜨거운 햇살과
불타는 지열에 모두가 숨죽인
삼복더위 속 숨 막히는 적막감 흐른다

어느 하나 급할 것 없는 고요함
내가 있으되 내가 없고
숨은 쉬는데 육신은 없는 듯
나는 무아의 경지를 넘나들고
공백의 시간은 푸른 하늘이 되어
나를 감싸 안는다.

참개구리 짝 부르는 애끊는 연가
부지런히 울어대는 풀벌레들의 요란한

화음 속에 한낮의 열기는 서서히 식어 가고
어둠은 나를 가뿐히 내려놓는다.

전등을 끄면 별들이 쏟아져 내려와
거실 창문을 두들기며 학의 춤을 추고
휘영청 밝은 달은 산속 좁은 오솔길을
하얀 실개천 흐른다.

15 자화상

천사의 눈망울로 별을 보고 싶다.

아기 호수 같이 푸르던 눈동자는
백내장 낀 듯 안개 냄새만 가득하고
삶에 지친 피곤함 주름에 감추고
나를 바라본다

벌떡거리던 심장 삶의 공해로
중환자실에서 가쁜 숨을 몰아쉬고
끝없던 열정 다 타 버린 재 되어 날아갈 때
늙은 청년이 거울 앞에서 통곡한다

흑장미의 진한 첫사랑처럼
라일락 향기 감미로웠던 5월의 눈부신 따스함처럼
이슬 먹고 자란 난초 꽃의 해맑은 향기와 기품처럼
그리워하다, 그리워하다 꽃망울 터트리는 달맞이꽃 같은
시를 쓰고 싶다

최선으로 알고 지냈던 지난 세월은
스스로 나를 가두고 살아온 안타까웠던 시간들

오늘도 늙은 청년 거울 앞에서 서성거린다

박지영

키를 더 키우기,
마음 하나 더 키우기를
향한 몸짓

01

가면

겹겹이 새겨진 나이테
해탈 뒤에 감춰진
하회탈의 공허한 미소

알록달록 화려한 얼굴로
활짝 웃고 있는
삐에로의 눈물

반짝이는 보석 온몸에 휘감고
나비가 되어도 보이는
애벌레의 고통

상실한 하회탈의 미소
길 잃은 삐에로의 아픔
화려한 나비가 되기 위한
몸부림

가면을 쓰고 있다

02

스테인드 글라스 - Stained Glass

눈 시린 하얀 장미
빨간 유리 화병에 담으니 가슴이
아린다

탐스런 노란 바나나
초록빛 유리볼에 얹으니 그 빛깔이
뭉클하다

바삭하게 구운 고등어
파아란 접시에 올리니 납작 누운 그 모습이
쓸쓸하다

쨍그랑
와장창
쩌어억
날선 그 모습들

돌아갈 수 없는

지난 아름다움 다시 옛 영광
누릴 수는 없어도

붉은 방울 맺히면 다시
태어날 수 있을까
더 아름다운 모습으로

눈부신 햇살 아래
오색찬란한 하늘의 마음을 담은
스테인드글라스처럼

08

인연

첩첩 산중에 둘러싸인
잔잔한 호수처럼
항상 그 자리에 그 모습으로
영원할 것만 같았다
그러나 어느새
주르륵 손가락 사이를
빠져나가듯
내 몸을 스쳐 지나가 버린다
그렇게 나에게
인연이란
언제나 머물지 못하는
흐르는 강물

09

성城

한 잎 두 잎
유스커스 엽란 호엽란
뾰족한 푸른 기둥
아마릴리스로 만든 로비
하얀 벽을 닮은 리시안
울퉁불퉁 맨드라미 계단
장미 유스토마로 창문을
한 층 한 층
쌓아 올리다 보면
어느새 유럽의 성이
내 손안에 있다

10

산다는 건

살고 싶어서도
살아가야 하는 것도
아니란 걸
그저 살아지는 거란 걸
가슴이 먹먹하도록
아프고 나서야 알았다
내게 산다는 건
그런 거였다

손미현

무엇이 어떻게 돌아가는지 정신없이 살았다.
정신 차리고 발밑을 보니
낡고 헤진 신발에 제자리 걸음이었다는 걸 알게 되었다.
다시 걷기 위해 주저앉아 숨을 고르며
신발 매듭을 묶어 가는 시간이다.

자작나무에 귀를 기울이다
창 밖의 저 느티나무
내가 원하는 것은
아날로그의 여름
안부

01

자작나무에 귀를 기울이다

자작나무 길을 보았네
껍질을 벗겨 편지를 쓰면
사랑이 이루어진다는 소문에
껍질을 벗겨 손에 들었네
그대 이름이 새겨지면
나와 그대는 절대로 헤어질 수 없는
슬픈 얘기가 소리 소문 없이 천리를 가겠지

자, 이제 그대 이름이
자작나무 껍질에 쓰여질 그때
그대와 나는 무성한 소문의 근원지에
한 발 들여놓은 셈이니
나머지 한 발은 절대로
세상과 떨어지지 않도록 조심하시게
그리하여 시간이 지겹도록 흘러서
어떻게 이별하였는지도 모르게 슬쩍
한 발을 빼시게나
상처는 없고 기억만 가슴에 남도록

그대와 나는 절대로 헤어질 수 없는
굴레를 짊어졌으나
나는 소문을 만든 기억이 없고
자작나무 길을 걸어갔을 뿐

02

창 밖의 저 느티나무

무심히 고개든 창밖은
느티나무에 단풍이 들었다
여름 내내 우거진 잎들이 창창해서
바람도 만들어 주고 소소한 얘깃거리도
어느새 혼자 고요히 단풍을 맞았다
잘 나가던 한 시절 기세로는
한 번쯤 지나쳐 갈 법도 한데
잊지도 않고 단풍을 입었다
사연 많은 사람들 세월이 깊으면
입이 무거워지듯
저 느티나무, 입 무거워 잎을 떨어뜨리고 있다

03

내가 원하는 것은

어느 한 순간만이라도
간절히
잎들이 서로를 부딪기며
몸으로 우는 소리를 듣는 것
낮은 바람에도
상처 없이 뒹구는 소리를 듣는 것
또는
물들이 낮은 곳으로 흘러들어
나무의 가장 높은 곳까지 오르며
생명을 어떻게 품는지 생생히 듣는 것
하찮고 하찮은 것들의 가장 밋밋한
모습을 보며 고요해지는 것
고요해져서 낮은 곳으로 흘러 들어가듯
서서히 가라앉는 것
가라앉아서 썩는 것
썩어서 거름이 되어 모든 곡식의 양분이 되는 것
결국 당신의 식탁에 오르는 일용할 양식이 되는 것

04

아날로그의 여름

바람이 부는 걸 보고 있다
바람이 나뭇잎들을 흔들 때
나무들은 스산한 소리를 냈다
등을 보이며 걸어가는 당신의 모습에서도
그런 소리가 났었다

뜨겁고 끈적거리는 여름 동안 나는 당신과
하릴없이 무위도식하였고 그러는 날마다
우리의 등짝에 살짝 푸릇푸릇한 위로가 돋았다
동네 앞 약국에서 잘 듣는다는 처방전 없는 독한 약도
서로의 등에 발라 주었으나 여름은 길고 뜨거웠고
숨이 막히도록 지루했다
당신에게서 도망가고 싶어요, 라는 말은 가슴 속에서만
맴돌았다
숨을 쉴 수 없을 만큼 습한 바람이 몇 번
나뭇잎들을 쥐어채며 지나갈 때
나무는 조금씩 수선스러워졌고

우리의 등짝에도 푸릇푸릇한 기억은 선명해져 갔다
바람이 부는 공원에서
입을 다물고 서로의 등을 확인하는 순간
여름이 조금씩 사그러가는 것을 알게 되었다
그때
걸어가는 당신의 등은 앙상했고 바람은 스산한 소리를 내고 있었다

05

안부

얘야 궁금하구나
밥은 잘 먹고 있니
네, 어머니 걱정 마세요
여름내 익모초 물에 밥 말아 먹고요
삼복에는 씀바귀에 개장국도 먹었어요
얘야, 지난 꿈에 네가 보이더구나
어머니 걱정마세요
저는 지루하도록 긴 꿈도 꾸는 걸요
하지만 아침엔 기억이 나지 않아요
그런데 어머니
내 귓가에 바스락거리는 소리가 나요
꿈은 있는데 기억은 없고요
눈물은 있는데 슬픔은 없어요
어머니 그래도 걱정하지 마세요
찬물에 밥 말아 먹고요, 한 계절 아픈 일 없이
잘 살았어요
아무렇게나 잘 살았어요
땡볕에서는 잡초도 잘 자라거든요

걱정하지 마세요
부디 걱정만은 하지 마세요

최호정

참을 수 없이 허전한 길,
그 길 위에
내 발자국 하나 새겨 본다.

01

가을

파란 하늘에 눈이 부시고
떨어지는 낙엽에
마음이 저려 오는 가을

낙엽을 우표 삼아서
사랑하는 당신에게
엽서 한 장 띄운다

구구절절 미사여구 없어도
내 마음의 온기는
전할 수 있겠다

02

가을 사랑

보잘것없는 밥상이지만
오늘도 한 끼를 해결했다

개처럼 게으른 낮잠으로
한나절을 보냈다

그리고 불어 터진 국수처럼
심술궂은 사랑도 느꼈다

거울 앞에 비치는 내 모습
마른 땅에 떨어지는 쓸쓸한 바람 같다

머리를 빗는데 머리카락이 한 줌 빠진다
낙엽 우수수 떨어지듯이

허전하고 쓸쓸하고 외로운 가을 사랑
그래도
누구든
무엇이든
사랑하고 싶다

03

황혼 1

어느덧
식은 숭늉처럼 미지근해져 버린
그런 서운한
사랑을.

인생이
삶이
사랑이
이렇게 허전하게 달아나는 것이
못내 쓸쓸해져서
치약 튜브를 마지막까지 힘껏 짜서
치아를 닦아 보고
그리고
화장실 거울 앞에
우두커니 서서 바라본다.
저물어 가는 황혼길에 서 있다.
참을 수 없이 허전한
황혼길.

04

황혼 2 – 이별

오늘 하루도 멀어져 간다
하루 하루 이 세상과 이별하면서
살아가는구나
이별하기 위해 살고 있는지 무얼 채워 살려는지
황혼은 점점 더 가까이 다가오고

영원한 사랑인줄 알고 살았는데
비워 가는 비워 오는 내 가슴속에 허무한 인생
새삼 느낀다

머물러 있을 청춘인줄 알았는데
속절없이 흘러가는구나

봄은 다시 오는데
청춘은 왜 다시 오지 않나?

오늘도
세상과 매일 매일 작별하면서

살아가는구나 저물어 가는
황혼의 길을 따라서-

그래도 오래오래 살고 싶다.

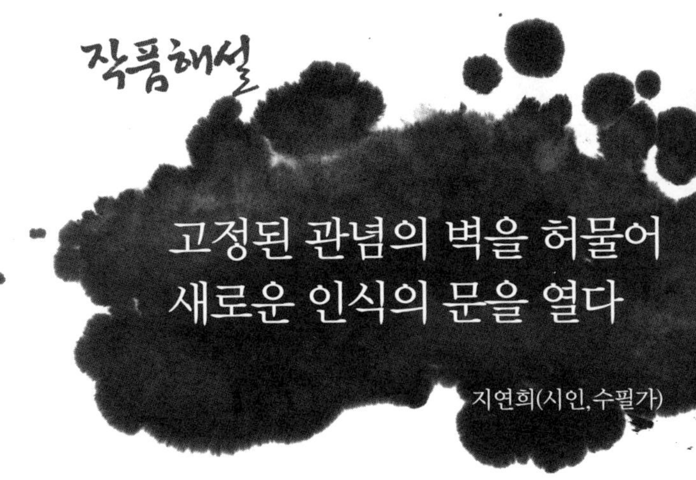

작품해설

고정된 관념의 벽을 허물어 새로운 인식의 문을 열다

지연희(시인, 수필가)

첫걸음이라는 의미는 미지를 향한 가장 설레는 출발이며 아무도 밟지 않은 하얀 눈밭을 걸어가는 순결한 시작이다. 다소 어설프기도 하지만 올곧게 중심을 잡기 위한 몸짓이 대견스러워 보이는 아름다움이 첫걸음이다. 신시문학회 동인지 창간호 출간의 의미가 그것이며 때문에 봄날의 꽃잎처럼 회원들과 회원들의 작품 모두가 곱다. 이 경이로운 첫 출발선에 선 회원 여러분은 아마도 먼 훗날 신시문학회의 역사 속에서 큰 족적을 남겨 놓으리라 믿는다.

신시新詩문학회는 현재 회원의 수가 11명이다. 하지만 어느 문학동인회 못지않은 열정과 문우애로 결속되어 있다. 신세계 본점 현대시 창작반 수강생으로 출발한 회원들은 이미 문단에 등단을 했거나 문단 등단 준비를 하던 문우들이 모여 있다. 이들은 오늘의 한국 현대시문학 지류의 물결 속에서 서정시의 피폐된 언어의 신장을 위해 노력하기로 하며 최선의 노력을 아끼지 않는다. 이제 그 신선한 첫

걸음의 장고를 울리지 않을 수 없다. 한 해를 접을 결산의 지점에 서서 2011년의 아침을 우렁차게 열어야 하기 때문이다. 욕심만큼 기대해도 어긋남이 없을 것이며 그만큼 회원들의 역량을 믿고 있다.

유월의 장맛비 소리 들으며
베란다 뒷창문 내려다보던 순간
약간의 어지러움
목젖을 타고 올라오는
나뭇빛 그리움,
멀미를 시작한다
종일을 빈 속 가득히
파인애플 향 나는
음료수만 채웠을 뿐인데
속이 메스껍고
울렁거리고
흔들리는 배 안처럼 불안하더니
급기야
가슴 한가운데 통증이
계란 한 알로 박혔다
빗줄기로 잉태한 사랑!

– 김상아의 시 「사랑멀미」 전문

김상아의 시「사랑멀미」의 전문이다. 창문 밖에 내리는 장맛비로부터 전이된 멀미가 종내는 아픈 사랑의 통증으로 남게 된다. '나뭇빛 그리움,/멀미를 시작한다'는 이 아픈 사랑의 시작은 나뭇빛이라는 그리움의 빛깔이 구체적으로 제시됨으로 하여 푸른 혹은 싱그러운 사랑의 빛깔을 감각적으로 느끼게 된다. 때문에 아름답고 순연한 사랑을 연상하게 되는데 메스껍고 울렁거리는 흔들림은 결국 사랑의 통증으로 가슴 한 가운데 계란 한 알 크기의 아픔을 박아놓고 만다. '빗줄기로 잉태한 사랑!'의 결과물이다. 하나의 의미를 언어에 담아내기 위해서 시인은 깊은 고뇌에 젖게 된다. 그만큼 구조해 놓은 언어의 맵시가 시인의 연륜을 말한다 해도 과언이 아니다. 김상아 시인의 문학연륜은 13년의 시간과 함께한다. 김 시인의 이력만큼 제시한 시어의 상징적 의미나 은유되어진 언술은 언어 미학적 가치를 훌륭히 세우고 있다. 현재 신시문학회의 회장으로 회원들의 화합과 친목을 이끄는 중책을 맡고 있으면서도 부단한 창작활동을 보여 주는 시인은 차분히, 서두르지 않고 자신의 문학세계를 넓히는 시인이라 말할 수 있다.

햇살 내려 꽂히는 서해안

피서객 몰려드는 선녀 바위 아래
까만 돌고래 한 마리 누워 있다

사람이 그리웠을까
파도 따라 너무 멀리 나왔다
저-만치
녹색 물결 출렁이는 바다, 어미의 품 속
돌아갈 길을 놓친 어린 목숨
세상이 캄캄하다

호기심으로 바라본 육지는 늪이었어
벼랑보다 아득한 적막
빠져나오려 하면 할수록, 점점 더 빠져드는
깊은 수렁
얼마나 안간힘을 썼는지
작은 몸뚱어리 피투성이다

낯선 주검,
물놀이 하다 문상 온 아이들
바다로 다시 돌려보내야 한다고
술렁이는 해변

– 강근숙의 시 「낯선 주검」 전문

시인이 제시한 시어를 통하여 독자는 '무엇 하나' 를 감성의 갈피에 담는다. 강근숙의 시「낯선 주검」은 제목으로 이미 그 해답을 듣게 되는데 이방인의 주검이다. '피서객 몰려드는 선녀 바위 아래/까만 돌고래 한 마리 누워 있다' 는 낯선 주검을 말하려 한다. 돌고래의 주검은 어미 곁을 떠난 어린 자식의 세상 구경이 부른 호기심이라 말하고 있다. 시인의 절대 감성이 포착한 상상력이다. 이는 이 시가 걸어가야 할 의미의 길이며 핵심적 메시지를 안고 있다. '호기심으로 바라본 육지는 늪이었어/벼랑보다 아득한 적막/빠져나오려 하면 할수록, 점점 더 빠져드는/깊은 수렁/얼마나 안간힘을 썼는지/작은 몸뚱어리 피투성이다' 가엾은 어린 돌고래가 당면했을 '깊은 수렁(육지에 대한 동경)' 이 작은 몸뚱어리에 피투성이를 만들고 있다. 마치 어버이 곁을 떠나 낯선 거리에서 방황하다 희생당한 어린아이를 연상하게 한다. 나아가 '물놀이 하다 문상 온 아이들' 의 등장이 시의 중심을 읽게 하는데 '어린 돌고래=어린아이=문상 온 아이들' 이라는 등식으로 어린 돌고래의 주검을 동질성의 눈으로 이해의 폭을 넓힌다. 강근숙 문학의 잣대는 우선 수필가라는 인식으로부터 시작되어야 한다. 이미 10여 년 전 월간 한국수필 신인상에 당선되어 수필문단에서 활동해 온 이력이 이 시인을 말하게 한다. 아직은 수필창작에 비해 시문학 창작에 기울인 시간이 일천하다 하여 자신의 시향을 스스로 낮추는 겸손을 보이고 있지만 상당 수준의 시문학의 깊이를 보여주는 시인이다.

담양 죽녹원
빽빽이 들어선 대나무 숲길 걸어 본다
하늘을 찌를 듯 곧게 뻗은 결기

모를 일이다
곧아야만 하는데
아슥아슥 해지며
댓잎 부딪는 이유
바람에게나 물어볼 일

마디마디 담긴 비인 소리
공명관을 흔들며 대밭을 지날 때
아침 이슬로 기별 넣었을 뿐인데
청정한 바람 따라
쑤욱 쑤욱 솟아 오른 원뿔 모양의 연인들
대숲에 수많은 풍문 남겨 놓는 이유

모를 일이다

– 김옥자 시 「모를 일이다」 전문

김옥자 시인을 바라보면 이른 아침 죽순 솟아오르듯 늘 높이를 달리하는 모습을 보여주고 있어 놀라지 않을 수 없다. 산 정상에 올라 외치는 힘찬 외침 같기도 하고 아무튼 김 시인의 언어를 맞이하고 나면 무언가 손에 잡히는 흔적이 있다. 시 「모를 일이다」는 매우 낯선 대상과 만나는 의미의 눈 뜸을 경험하게 되는데 아침 이슬로 쑤욱 쑤욱 원뿔 모양의 죽순은 연인들의 풍문처럼 솟아오르고 속이 빈 대나무는 마디 마디 공명관을 흔들고 있다는 것이다. '모를 일이다/곧아야만 하는데/아슥아슥 해지며/댓잎 부딪는 이유/바람에게나 물어볼 일' 이라 하며 넌지시 핵심의미를 던지고 모르겠다 뒷짐을 지는 모양새도 이 시를 읽는 재미를 던지고 있다. 아슥아슥이라는 청각적 이미지를 배치하여 여러 개가 겹치어 비뚤어진 댓잎의 부딪는 몸짓이 염문의 크기를 재는 시인의 상상력이며 이를 높이 사지 않을 수 없다. 계간 「문파문학」 신인상 시부문에 당선되어 나날이 성장하고 있는 시인의 미래는 매우 밝다.

겹겹이 새겨진 나이테
해탈 뒤에 감춰진
하회탈의 공허한 미소

알록달록 화려한 얼굴로
활짝 웃고 있는
삐에로의 눈물

반짝이는 보석 온몸에 휘감고
나비가 되어도 보이는
애벌레의 고통

상실한 하회탈의 미소
길 잃은 삐에로의 아픔
화려한 나비가 되기 위한
몸부림

가면을 쓰고 있다

– 박지영의 시 「가면」 전문

박지영의 시 「가면」의 언어가 갖는 의미는 이중적 모순을 안는 현대인의 현주소를 짚었다고 보아야 겠다. '반짝이는 보석 온몸에 휘감고/나비가 되어도 보이는/애벌레의 고통//상실한 하회탈의 미소/길 잃은 삐에로의 아픔/화려한 나비가 되기 위한/몸부림' 을 말한다. 반짝이는 보석을 휘감고 다니지만 나비가 되어도 보이는 애벌레의 고통을 감출

수 없다는 것이다. 겉으로 보이는 화려함 속에 감추고 있는 아픔이 상실한 하회탈의 미소와 길 잃은 삐에로의 아픔으로 극명하게 조명되고 있다. 박지영 시인은 아직 시문학 수업을 시작한지 얼마 되지 않지만 시인의 감성을 풍부하게 소유하고 있어 내일을 내다보게 한다. 언어를 다듬는 솜씨며 의미에 합당한 소재의 유연한 배치 또한 조화를 이루고 있다. 이는 박지영 시인이 아마도 대학에서 미술을 전공한 까닭일 듯싶어 언어의 그림을 요구하는 시의 형상성이 회화의 미적 가치와 접목된다면 하는 욕심을 부리게 한다.

봄 햇살
돌담 사이, 사이 비집고 들어와
민들레 꼬여 꽃 피운다

하늘과 구름, 꽃과 나비
얽히어 살아가는 듯해도
구름은 바람과 만나면 사라지고
나비도 꽃잎 떨어지면
일장춘몽이다

봄 햇살 떠난
어느 날

사바娑婆인연 훌훌 털어낸
민들레 홀씨
가벼운 걸음으로
해탈의 길 떠난다

– 장현철의 시 「해탈解脫」 전문

'봄 햇살/돌담 사이, 사이 비집고 들어와/민들레 꼬여 꽃 피운다' 봄 햇살의 동적 움직임이 시선을 이끄는 모양새가 마치 맑고 순연한 동심의 세계를 여는 아름다움이 있다. 그러나 이 시의 메시지는 햇살이 민들레의 꽃피움에 그치지 않고 보다 근원적인 생명으로의 모든 존재들은 '구름은 바람과 만나면 사라지고/나비도 꽃잎 떨어지면/일장춘몽이다' 라는 상대성 이론이 성립되는 너와 나의 존재가 존재를 낳는다는 설득으로 생존의 가치를 짚어 내고 있다. 이는 마지막 3연에서 제시되어진 해탈이라는 이름으로 종착지를 찾아나서는 민들레 홀씨의 가벼운 걸음과 연결되는데 '사바娑婆 인연 훌훌 털어낸' 생명의 문 닫음의 자연함을 말하고 있다. 장현철 시인이 제시하고 있는 시의 대상은 자연 속 사물들이다. 시인이 삶의 터로 잡고 있는 공간이 전원인 까닭이기도 하지만 작은 텃밭을 가꾸는 일에서부터 생명의 존재를 짚어 사랑 그리움의 크기를 깊은 시각으로 형상화시키고 있다. 1972년 월간 「풀과 별」 신인문학상 초회 추천을 받고 2010년 12월 계간 「문파문학」 신인상을 받게 되어 문단활동을 재개하게 된 시인의 역량은 일찍이 인정되었던 바로 어느 때보다 왕성한 작품 활동을 하고 있어 많은 기대를 모으게 한다.

찢어진 우산 사이로 쏟아지는 빗줄기에
메마른 나뭇가지 감싸안는 물그림자
두려워 서성대는 내모양이 초라하다
동그라미에 눈물이 팽이처럼 돈다

은하수를 뿌려 놓은 듯 반짝이며
앞서 가는 물그림자는 가로등을 닮았다
비오는 날을 좋아하던 너
발자욱 자욱마다 퍼져 가는 여울 너머
아름다운 사랑
너는 빗물이 되어 내게로 오고
나는 네 곁에 그림자로 선다.

– 김현찬 시 「물그림자」 전문

'발자욱 자욱마다 퍼져 가는 여울 너머/아름다운 사랑/너는 빗물이 되어 내게로 오고/나는 네 곁에 그림자로 선다' 라고 하는 김현찬의 시「물그림자」는 너는 빗물이 되어 내게로 오고 나는 너의 물그림자로 네 곁에 서 있다. 너와 나의 관계는 '비' 라는 대상 속에 존재하며 그만큼 '비' 라는 소재는 둘의 관계를 잇는 절대적 상관물로 의미를 내포하고 있다. 시인은 시詩가 머무를 공간을 세우고 그 공간 속에 하나의 의미를 담기 위한 노력을 혼신을 다해 보여 준다. 위의 시에서 시인이 펼쳐 내고 있는 너와 나의 존재는 빗물과 그림자로 곁에 머물며 아름다운 사랑이 된다. 김현찬 시인도 등단 시인이다. 강의실의 첫 만남에서 자신을 소개하여 그의 시력을 알게 되었다. 그리고 시인은 현재 민화를 그려 채색하는 화가이다. 부단히 무언가를 향한 관심과 익힘으로 삶의 질을 넓히는 시인의 내일은 늘 윤기를 머금고 있으리라 예감된다. 좋은 시를 쓰는 시인의 이름으로 신시문학회의 시 정신을 짚어내 주길 기대한다.

뜨겁고 끈적거리는 여름 동안 나는 당신과
하릴없이 무위도식하였고 그러는 날마다
우리의 등짝에 살짝 푸릇푸릇한 위로가 돋았다
동네 앞 약국에서 잘 듣는다는 처방전 없는 독한 약도

서로의 등에 발라 주었으나 여름은 길고 뜨거웠고 숨이 막히도록
지루했다
당신에게서 도망가고 싶어요, 라는 말은 가슴 속에서만 맴돌았다
숨을 쉴 수 없을 만큼 습한 바람이 몇 번이고
나뭇잎들을 쥐어채며 지나갈 때
나무는 조금씩 수선스러워졌고
우리의 등짝에도 푸릇푸릇한 기억은 선명해져 갔다
바람이 부는 공원에서
입을 다물고 서로의 등을 확인하는 순간
여름이 조금씩 사그러가는 것을 알게 되었다
그때
걸어가는 당신의 등은 앙상했고 바람은 스산한 소리를 내고 있었다

– 손미현의 시 「아날로그의 여름」 중에서

보잘것없는 밥상이지만
오늘도 한 끼를 해결했다

개처럼 게으른 낮잠으로
한나절을 보냈다

그리고 불어 터진 국수처럼
심술궂은 사랑도 느꼈다

거울 앞에 비치는 내 모습
마른 땅에 떨어지는 쓸쓸한 바람 같다

머리를 빗는데 머리카락이 한 줌 빠진다
낙엽 우수수 떨어지듯이

허전하고 쓸쓸하고 외로운 가을 사랑
그래도
누구든
무엇이든
사랑하고 싶다

– 최호정의 시 「가을 사랑」 전문

손미현의 시는 이미지로 제시한 의미의 은유가 깊다. 위의 시「아날로그의 여름」은 '나뭇잎과 바람의 스산한 소리, 등을 보이고 걸어가는 당신의 모습' 을 아날로그의 물리성 즉 앙상하게 마른 측은한 공간 여름을 인물형상으로 보여준다. 조금씩 사그러져 가는 모습은 당신이며 여름이다. 동네 앞 약국에서 잘 듣는다는 처방전 없는 독한 약을 서로의 등에 바르는 여름이다. 물론 당신의 존재가 누구인지는 밝히고 있지 않지만 시어가 제시하는 목적의식은 당신으로부터 도망치고 싶은 앙상한 여름임에 분명하다. 다만 이 시는 하나의 메시지를 '앙상함' 이라는 의미로 독자의 인식을 열어내는데 성공했다고 믿는다면 다음은 제목이 제시하는 '아날로그' 라는 언어가 담아내고 있는 '앙상한' 의 의미가 아날로그라는 사물성, 눈에 보이는 현상성을 보다 부각시키고 싶은 의도가 깊다. 제목 「아날로그의 여름」은 「앙상한 여름」과 다르지 않기 때문이다. 이만큼 손미현의 시는 고정된 관념의 벽을 허물어 새로운 인식을 유도하게 하여 언어의 깊이를 감각하게 한다. 훌륭한 시인으로 성장 가능성을 보여 주는 언술가이다.

'보잘것없는 밥상이지만/오늘도 한 끼를 해결했다' 로 시작하는 최호정의 시「가을 사랑」은 가을이라는 시간 속에 머물고 있는 화자의 현재를 말하려 한다. 젊음의 시간이 아닌 어느 정도 깊은 나이의 삶을 사는 '나' 의 현주소를 짚고 있다. 그리고 그 나의 삶 속에는 '개처럼 게으른 낮잠으로/한나절을 보냈다//그리고 불어 터진 국수처럼/심술궂은 사랑도 느꼈다//거울 앞에 비치는 내 모습/마른 땅에 떨어지는 쓸쓸한 바람 같다' 는 인식에서 벗어나지 못한다. 파릇

한 젊음의 시간으로 돌이킬 수 없는 나이듦의 허허로움이 '마른 땅에 떨어지는 쓸쓸한 바람 같다'는 이미지로 구체화되고 있다. 하지만 이 시의 마지막 행에서 제시하는 '누구든/무엇이든/사랑하고 싶다'의 가슴 따뜻함의 정서는 독자의 시선을 신선하게 반전시킨다.

동인지 창간호에 참여한 시인의 수는 적은 편이지만 작품 수준은 상당히 높은 편이다. 김상아, 강근숙, 김옥자, 박지영, 장현철, 김현찬, 손미현, 최호정의 작품을 잘 감상했다. 각자의 감성으로 각자의 영혼으로 개성껏 제 목소리를 들려 주었다. 오늘의 출발은 신시문학회의 성장에 큰 바탕을 이루리라 믿는다. 물론 회원임에도 합류하지 못한 여러분 또한 지니고 계신 신시문학에 대한 애정은 지대하리라 믿는다. 좋은 시 쓰는 일에 함께 힘 기울여 주시기 바라며 새로운 시작을 위해 분발해 주실 것을 당부 드린다. 신시문학회의 첫 울림이 우렁차다. 회원 모두 미래 시문학의 동량이 되어 주시리라 믿으며 깊은 마음으로 동인지 첫 출간을 축하한다.